문학과지성 시인선 374

# 생의 빛살

조은 시집

문학과지성사

**문학과지성사에서 펴낸 조은의 시집**

무덤을 맴도는 이유(1996)
따뜻한 흙(2003)
옆 발자국(2018)

**문학과지성 시인선 374**
**생의 빛살**

초판 1쇄 발행  2010년 3월 26일
초판 6쇄 발행  2023년 4월 18일

지 은 이  조은
펴 낸 이  이광호
펴 낸 곳  ㈜문학과지성사
등록번호  제1993-000098호
주    소  04034 서울 마포구 잔다리로7길 18(서교동 377-20)
전    화  02)338-7224
팩    스  02)323-4180(편집)  02)338-7221(영업)
전자우편  moonji@moonji.com
홈페이지  www.moonji.com

ⓒ 조은, 2010. Printed in Seoul, Korea

ISBN 978-89-320-2040-2 03810

이 책의 판권은 지은이와 ㈜문학과지성사에 있습니다.
양측의 서면 동의 없는 무단 전재 및 복제를 금합니다.

문학과지성 시인선 374

# 생의 빛살

조 은

2010

**시인의 말**

첫 시집을 낼 때도
두번째 시집을 낼 때도
세번째 시집을 낼 때도
다 마지막 시집이 될 줄 알았다.
다시 시집을 묶으며 처음으로
이것이 마지막 행위가 될 수 없음을 깨닫는다.
......

2010년 3월
조은

## 생의 빛살

차례

**시인의 말**

**제1부**

모순 1　11
방 안의 거미줄　12
흙의 고독　14
뇌 속이 기왓골처럼 밟힌다　16
모순 2　18
안개의 날들　19
모순 3　20
독서대　22
마른 흙은 떨어지고　24
언젠가도 여기서　26
향기를 얻는 법　27
생의 빛살　28
기억의 심층　30
어느 한때　32
한번도 그처럼　33
가을 은행나무 밑을　34
경직　36
위험한 날　38

## 제2부

지붕 위에는 흙　41
깨끗하고 우아하게　42
등 뒤　44
꽃 피는 법　46
고양이　48
한마디　49
야윈 길　50
밤마다　52
아퀴　53
연주가 끝난 아코디언처럼　54
골목길　56
아침 골목 1　58
아침 골목 2　59
날마다 해가 뜬다　60
벽 너머　62

## 제3부

흙의 절망　67
일찍 피는 꽃들　68
해바라기　69
터널 같은 그림자를　70
소용돌이　72
남의 삶을 꺾으려면　74
그 꽃들　76

밤새 무슨 일이 77
꽃이 지는 길 78
물방울들 79
새집이 내려다보이는 곳에서 80
어떻게 알았을까 81
눈, 눈빛 82
음지에서 84
결혼 축하 85
아픈 날 86
언젠가는 88
꽃과 꽃 사이 90
근황 91

## 제4부

멀리서 오는 편지 95
우산 속 남녀 96
재탕되는 시간들 98
머무는 심경(心境) 100
바늘만 한 틈으로 102
동질(同質) 104
허공이 풍요롭다 105
그의 별 106
덩굴 107
그는 나를 보지 못했다 108
한 분류법 110

불쑥 들어간 세계 112
먹물을 마신다 114
분화구 116
촉수 117
한 무덤 앞에서 118

**해설** | 내 몫이 아닌 생, 혹은 흙의 존재론 · 이광호 119

# 제1부

## 모순 1

삶의 갈래
그 갈래 속의 수렁
무수하다

손과 발은 열 길을 달려가고
정수리로 치솟은 검은 덤불은
수만 길로 뻗는다
끝까지 갔다가 돌아 나오지 못한 진창에서는
바글바글 애벌레가 기어오른다

봄꽃들 탈골한 길로
단풍 길 쏟아진다

손가락마다 지문을 새겨 살아도
내 몫이 아닌 흙이여

## 방 안의 거미줄

며칠 제대로 앉지도 눕지도 못하고
서성이다가 보았다
방 안의 거미줄
내가 내 안에 갇혔음을 일깨워준

방 안의 방, 방 안의 방, 방 안의 방……

친친 감아
허공에 걸어놓고 싶은 건
나를 옥죄는 것들인데

거미줄에 걸린 섬뜩한 내 눈이
나를 응시하고 있다
몇 가지 생각도
날것으로 걸려 파닥댄다
어떤 생각은 속을 다 먹힌
벌레처럼 가볍다

뼈에 구멍이 숭숭 뚫려
거미줄처럼 가벼워질 때쯤
방 안의 방, 방 안의 방, 방 안의 방을
스스로 걸어 나갈 수 있을까

심호흡을 하는
내 몸을 따라
거미줄이 흔들린다
언제나 내가 허물어버리고 싶었던
정신은 저런 거였다

# 흙의 고독

보호자 대기실,
씨감자처럼 쪼글쪼글한 아내 곁에서
남편의 몸이 기운다
아내는 가방을 가슴에 바짝 붙이고
수술 진행을 알리는 안내판을 보고 있다
한쪽 팔로 의자를 짚고
젖은 흙더미 같은 몸을 지탱한 남편의
손톱 밑에는 검은 흙이 끼어 있다
거친 손의 주름살을 메우고
손톱의 하얀 반달을 덮고
두 눈에 질척하게 매달려 있는 흙
그의 체온에 익었을 흙은
강인해 보인다
이 순간만 버티면 삶이 지탱되리라 믿는지
얕은 호흡에도 어깨가 흔들리는
쓰러질 것 같은 그의 얼굴엔
흔들리지 않는 고집이 있다

수술실에서 나온 의사가 보호자를 부른다
노부부가 벌떡 일어나 흙빛으로 달려간다

## 뇌 속이 기왓골처럼 밟힌다


깊은 밤 지붕 위에서 누가
몸을 가누지 못해
퍽퍽 쓰러지는 소리가 난다

뇌 속을 기왓골처럼 밟는 소리에
놀라 몸을 일으킨 나는
막연하던 공포의 모습을 본다
고통에 끌려 다니는 몸이 얼마나 무거운지
지붕 위의 생명이
사람이 아니라는 것을 아는 데 한참 걸린다

토악질을 하다 울고
거친 숨을 몰아쉬고
애틋이 뭔가를 찾으며
지붕 위의 고통은
동틀 때가 되어도 끝나지 않는다

무디어진 나를 벌떡벌떡 일으켜 세우는

저것이 죽음이라니
모두들 잠든 깊은 밤에
그림자를 접었다 폈다 몸부림치는
저것이 삶이라니
삶을 바라는 간절한 순간이
저렇게 돌이킬 수 없을 때 오다니

삶을 허비하는 나를
처단하고 있는가

## 모순 2


과장된 의미처럼
발목을 잡으려는 늪의 반짝임처럼
흑심이 있는 선물처럼

닿아보고 싶은
한 세계를 보았다

## 안개의 날들

안개의 혀는 까칠까칠했다 안개가 핥고 지나간 몸은 삭은 천 조각처럼 삶을 지탱하지 못했다 흙 한 줌만 닿아도 구멍이 뚫려 음산한 바람을 밀어냈다 구멍 속에서는 곡성이 밀려나오기도 했다 안개벽에 부딪혀 되돌아오는 바람은 찐득거렸다 비렸다 두꺼운 안개를 밀며 가는 그녀의 머리가 부표(浮標)처럼 떠 있었다 안개가 물어뜯은 귀가 욱신거렸다 점점 다리가 오그라들었다 이따금 안개 위로 껑충하게 나무들이 떠올랐다 태양도 하얗게 슬어 있었다

# 모순 3

그는 아내의 유품을 정리하며
그녀의 전 재산을 자식들에게 나눠줬다
칠십이 년의 부피는 보잘것없었다
그의 딸은 그 돈을 가지고 있다가
천원짜리로 바꿔 두 장씩 접었다
늘 지갑에 따로 넣어 다니다
어머니를 떠오르게 하는 사람들에게 주거나
슬쩍 놓아두고 사라졌다
어느 때는 네 묶음이 슬그머니
낡은 배낭 속으로 들어가기도 했다
착착 접힌 천원짜리가
어머니의 천국 계단이라도 되는 듯
한 계단 부족하면 그 나라에 못 들기라도 하는 듯
그녀는 천원짜리를 접고 또 접었다
못 듣는 사람 눈먼 사람
팔 없는 사람 다리 없는 사람
기어가는 사람
껌을 들이미는 사람

예의 없고 무례해 보이는 사람
어머니를 떠오르게 하는 사람은 생판 달랐다
죽은 어머니는 그렇지 않았지만

# 독서대

이렇게 살다가 내 삶이 끝나겠구나,
하는 절망이
이렇게 살면서도 내 삶이 끝나지 않겠구나,
하는 절망과 만난다

허둥지둥
인터넷에 접속한다

항상 눈에 띄는 사람, 김종일
그는 높낮이 독서대를 팔고 있다
벌거벗고
성(性)을 팔고 있는 사람들 사이에서
그는 독서대만을 팔고 있다
그의 독서대는 낫이나 호미처럼
슬프고 지루하다
꼭 하나 사주고 싶어진다
순간,

그가 고도의 미끼를
던지고 있을지도 모른다는 생각!
'업그레이드된 높낮이 독서대'는
축소된 침대일지도 모른다는 생각!

내 마음이
쓰레기통으로 들어간다

## 마른 흙은 떨어지고


뭔가가 얼굴을 때려 잠에서 깼다
어리둥절하는 동안
또 얻어맞았다

흙이다
뜨겁던 피가 삭은
흙이 이처럼 가까이 있다

이마에도 베갯잇에도
흙이 떨어져 있다
입에선 담즙의 세월도 삭이지 못한
모래가 씹힌다

낡은 집의 서까래 아래
잠 속으로 은신한 나를 때리는
능숙한 암흑
몇 번의 부식 과정을
온몸으로 견뎌냈던 정신은

문득 내 것이 아닌 듯하다

성에 차지 않는다는 듯
오래 참아줬다는 듯
흙이 또 떨어진다
한밤중 몇 번씩 얻어맞는
나의 내면이 식어간다

## 언젠가도 여기서

언젠가도 나는 여기 앉아 있었다
이 너럭바위에 앉아 지는 해를 바라보며
지금과 같은 생각을 했다

그때도 나는 울지 않았다
가슴속 응어리를
노을을 보며 삭이고 있었다
응어리 속에는 인간의 붉은 혀가
석류알처럼 들어 있었다

그러다 어느 순간
슬픔의 정수리로 순한 꽃대처럼 올라가
숨결을 틔워주던 생각
감미롭던 생각

그 생각이 나를 산 아래로 데려가 잠을 재웠다

내가 뿜어냈던 그 향기를 되살리기가
이렇게도 힘들다니……

# 향기를 얻는 법

문을 열고 나가자
무언가의 안으로 떨어졌다
반대쪽으로 나가자
그곳은 다시 어떤 것의 내부였다

나는 문을 열고
또 열고 또 열고
수없이 갇혔다

요철이 심한 그림자가
살갗을 스치며 지나갔다
목구멍에선 구멍 뚫린 달이
간헐천처럼 증기를 뿜어냈다
나는 한 방향으로 뱅글뱅글 돌았다

머리맡에서 누군가가
향기롭다고 말했다

생의 빛살



고속도로변 아파트 밀집 지역을 지나며
집집마다 흘러나오는 불빛에 마음 흔들린다
그 동요가 너무 심해
앞만 보고 운전하던 언니가 돌아보며
무슨 일 있었냐고 묻는다

아무 일 없었다, 잘 지냈다, 했지만
삼십 년 넘게 같은 방을 쓰다가 늦게 결혼한
언니는 한동안 묵묵히 있다가
또 묻는다

나는 늘 순도 높은 어둠을 그리워했다
어둠을 이기며 스스로 빛나는 것들을 동경했다
겹겹의 흙더미를 뚫는
새싹 같은 언어를 갈망했다

처음이다, 이런 마음은
슬픔도 외로움도 아픔도 불빛으로

매만지고 얼싸안는
저 무리에서 혼자 떨어져
몸이 옹관처럼 굳어가는 것 같은

몸이
생의 빛살에 관통당한 것 같은

# 기억의 심층

혼자 거울을 보며 앞머리를 자르다가
마주 보는
눈빛에 깜짝 놀란다

거울 속
나를 보는 눈빛
폭우 속에서 나를 보는
바위 안에서 나를 보는
난간 위에서 나를 보는

나는 저 눈과 마주친 적이 없는데
저 눈도 나도
서로를 기억한다

비를 맞으며 식어가는
바위에 갇혀 들끓는
난간 아래로 무너지는
한 번도 마주친 적 없는

새카만 눈들이 거울 면에
다글다글 달린다

## 어느 한때

나는 모래알을 땀방울처럼 떨어뜨리며
소실점을 보고 있다

내 몸의 모래를 쓸어낸들
내 몸에 물을 양동이로 부어준들

이곳은
사막이다

# 한번도 그처럼

나는 병든 어머니에게로 간다
비지땀을 흘리며
생의 경전 대신
음식이 잔뜩 든 배낭을 메고 간다
여러 생각까지 짊어진 짐이 힘에 부친다
바로 그때다 눈앞에서
온몸에 저승꽃이 핀 늙은 여자가
무거운 짐을 지고
앞만 보고 걸어간다
땀으로 흥건한 육신을
곧 벗어버릴 것처럼
신발이 자꾸 벗겨지는 발에서
살갗이 밀리는 소리가 난다
죽음만이 늙은 여자의 단호한 표정을
흙으로 바꿀 수 있으리라
한번도 삶 앞에서 그처럼 단호하지 못했던 나는
참회의 책들처럼 포개져 있는 지하철 계단 아래
멍하니 서서

## 가을 은행나무 밑을

가을 은행나무 밑을 걸을 때면
걸음이 엉킨다
발아래서 와장창
무엇인가가 깨지는 소리가 들린다
그 소리에
땅에서 발을 떼면
다시 발아래서 공들인 시간들이
아득히 무너지는 소리

내가 이처럼 밟힌 적도 없는데
내 심장이 유리병처럼 깨진 적도 없는데
가을, 은행나무 밑을 걸을 때면
상실감으로 휘청거린다

나는 은행나무가 버틴 시간을
피해 살아온 것일까
그래서 이처럼 견디는 힘이 없는 것일까

사람들의 발길에 씨앗이 뭉개져도
흙으로 완성될 잎들은 화사하다
그 밝음에 다다르지 못하는
나는 은행나무 밑을 비틀비틀 걸어간다

## 경직

병든 어머니를 목욕시킨다
푸석푸석한 머리를 감기고
야윈 팔과 다리, 등과 가슴
발바닥과 겨드랑이
탯줄이 달렸던 배꼽
내 탄생의 입구까지
따뜻한 물로 씻는다
삶을 움켜쥔 자의 몸이
이토록 뻣뻣하다는 사실에 놀란 내게
어머니는 순종적이다
어머니를 씻기며 나는
순종해서 얻을 것들을 생각해본다
순종해서 잃은 것들을 생각해본다
순간의 순종과 영원한 순종을 생각해본다
어머니의 평생에 불던
순종의 바람에 화가 나서
머리를 치켜들고 샤워기를 튼다
깜짝 놀란 어머니가

잡고 있던 내 팔을 놓친다
어머니의 체중이 실렸던
팔이 뻣뻣하다

## 위험한 날

그늘이라곤 없는 땡볕 속을 걸었다
갈 때는 오른쪽에 있던 바다가 왼쪽에 있었다
어둠을 길 밖으로 옮겨놓고 싶었다
어둠을 풍경으로 놓고 싶었다
바다를 따라 배들이 멀어졌다
어떤 배들은 한 바다에만 머물렀다
바다는 사라졌다가 해명도 없이 돌아올 것이다
뻘에 박힌 배들은 머리처럼 꼬리를 쳐들 것이다
느닷없이 한 노인과 마주쳤다
그는 풀린 자루처럼 길에 퍼져 있었다
얼마쯤 가다 뒤를 돌아보았다
가뭇해질 때까지 그도 나를 보고 있었다
물마루가 검어졌다
세상의 모든 경계선이 흐릿해졌다
옹졸한 바다가 속을 끓였다
하늘이 눈앞에서 날개처럼 꺾였다
어디서 멈춰야 할지 몰랐다

제2부

## 지붕 위에는 흙

재개발로 곧 헐려나갈
집들이 기와를 걷어냈다
조선기와들이 해방된 듯 반짝이며
차곡차곡 트럭에 실렸다

지붕에서 벼슬처럼 자라던 풀을 넘어뜨리며
기왓장이 걷히자 붉은 흙이 모습을 드러냈다
오랫동안 집들을 지탱해준 것이
들보나 대들보가 아니었나 보다
내 머릿속에 들어 있는 뇌처럼
얼마 안 되는 물렁한 흙이었던 것 같다

비가 내리고
흉하게 드러난 집들의 늑골을 적시며
흙이 흘러내린다

집의 완고함이
풀린다

## 깨끗하고 우아하게

한 번이라도 마음 닿아본 적 있는 생명이
죽은 것을 보면 가슴이 철렁 내려앉는다
오래 내 곁에 머물렀던 것도
내 삶에 들어와 뒹굴며
웃고 울었던 것도
그 한 번의 깊이에는 닿지 못한다

오늘 나는 골목에서
눈에 익은 고양이의 주검을 보았다
내 집에 자주 드나들던 고양이였다
쓰레기봉투를 뜯어놓고 간 고양이였다

녀석을 볼 때마다 한 생명이 부여받은 고통이
맹독처럼 머릿속에 스며와
질겁하며 쫓아버렸다
선뜻 밥을 주지도 않았다
비 오던 날 밤 보일러 연통에 기대 자던
녀석의 시퍼런 눈빛에 놀란 뒤로는

질긴 목숨이 내게 와 기댈까 봐
더 외면하고 잊어버리려 했다

고양이는 몸을 쭉 뻗고 있었다
담장에서 빠져나온 한 장의
단단한 벽돌 같은 주검은
깨끗했다

# 등 뒤

등 뒤가 서늘하다
뒤처져 걷는 네가
울고 있다!

파장이 느껴진다
들먹거리는 어깨가 느껴진다
눈물이 양식인 듯
입속으로 자꾸 흘러 들어간다
네 말은 끊길 데가 아닌 데서
끊어진다

너는 검은 웅덩이처럼
세상을 밖으로만 끌어안았다
내가 그 속을 보았다면
우린 벌써 끝났을지도 모른다

나는 숨을 고르고
수면을 때리는 돌멩이처럼

기습하듯 뒤를 돌아본다

얼굴 가득
바위의 이음새 같은 주름이 접힌
너는 눈물을 감추려
얼른 등을 보인다

네 등 뒤도
서늘할 것이다

## 꽃 피는 법

골목 안 황매화가
찬바람이 불도록 꽃을 피우고 있다

작년까진 제철에만 꽃이 폈다
나는 친구들이 올 때마다 황금빛 밝은
그 꽃을 보여주곤 했다
봄마다 그 꽃 옆에서
사진도 찍었다
꿋꿋이 꽃을 피우는 열정이 부러워
여린 가지를 만져보기도 했다
꽃이 한창 필 때도 나는 시들고 있어
앨범에 끼워넣지 못한 사진들은
집 안 곳곳에서 색이 바랬다

오늘도 나는 황매화 곁에서 발길을 멈췄다
이젠 제 몸과 닿아 있는 빛과 어둠을
지뢰처럼 터뜨리며
한순간도 마지막처럼 피어나지 않는 꽃!

언제부턴가 나도 그렇게 사는 법을 잊어버렸다

## 고양이

고양이가 골목에서 마주친 나를
강렬한 눈빛으로 쳐다봤다
피하지도 도망가지도 않았다
막다른 골목에서 삶과 대면하는 듯……
계속된 한파에 움츠러드는 나는
머플러 속에 얼굴을 묻으며
고양이를 외면하고 걸었다
고양이는 찬바람이 부는 골목에서
오랫동안 누군가를 기다렸던지
작심한 듯 나를 뒤쫓아왔다
내가 멈추면 따라 멈추고
걸으면 따라 걸었다
이상한 생각에 뒤돌아봤을 때
축 늘어진 젖무덤이 보였다
삶의 생살에 주렁주렁 달려 있는
기막힌 암흑!
나는 집으로 달려가 밥솥을 열었다

# 한마디

불쑥 튀어나온 한마디에
속이 보였다
터진 옷 사이로 삐져나온
속옷처럼 엉덩이처럼
치부처럼
네가 가렸던 것이 드러나고
나는 허둥댔다

너는
환하고 대범하게 웃었다

## 야윈 길


빈집 담을 넘어온
나뭇가지가 내 정수리를 때린다
앙상한 나뭇가지다
밉게 뻗은 나뭇가지다

주변을 둘러본다
전봇대에 붙은 헬스클럽 전단지나
골목의 검은 비닐봉지를
날리는 바람 한 점 없다
나는 한 걸음 물러선다

다시 나뭇가지가
내 머리를 때린다
천천히 나무를 향해 돌아서는
내 몸엔 소름 돋았다

한 송이 꽃도 피우지 못한 나뭇가지가
나를 거쳐야만 갈 곳이 있는지

반짝거리며 다가온다

나뭇가지와 정면으로 서자
내 몸을 잘근잘근 씹고 있는
흙의 미립자가 느껴진다

# 밤마다

어두운 골목에 압력이 차오른다
지붕 위 달이 팽팽 돌고 있다
달그림자도 지붕 위에서 돌고 있다

먹자마자 잠들고
아침 일찍 집을 나가는 사람들
몇 년째 한 골목에 살아도
마주칠 일 없는 사람들
압력솥 뚜껑처럼 골목으로 튀어나와
뒤엉켜 싸우기도 하는 사람들

싸우고 나서도 먹기 위해
압력솥에 불을 붙이는 사람들
솥의 압력이 다 빠지기도 전에
분노가 꺾이는 사람들

밤에만 인기척이 느껴지는 집의 문이
압력에 겨운지 확 열린다
머리 위 하늘이 움푹 꺼진다

# 아퀴

여자는 날마다 집 앞에 나와 웃는다
웃을 땐 얼굴을 덮은 물사마귀가
씨앗처럼 꿈틀댄다
탈모가 심한 머리엔 분홍 꽃핀
프릴이 많은 블라우스 속으로 늘어뜨린
큼직한 목걸이와 귀고리
귀고리 그림자가 그네 타는 꽃치마
여자는 산수 절경을 넘다 쉬는
꽃마차처럼 멈춰 있다

오늘은 다르다
여자는 앙상한 다리를 끌어당겨
가슴팍에 붙이며
몸으로 아퀴를 짓는다
그 몸속에 마르지 않는 웃음의
비밀이 있는 것 같다
한 번쯤은 삶을 그처럼 견뎌보고 싶은
나는 출렁대는 그림자를
여자의 휑한 머리 위로 엎지르며 멈춘다

# 연주가 끝난 아코디언처럼

집과 병원만을 오가는 어머니를 위해
온 가족이 바다로 온 날
어머니는 바다를 보고 앉아 꼼짝도 않는다
깊게 주름진 몸이
연주가 끝난 아코디언처럼
모래톱에 얹혀 있다

축축한 눈길이
수평선 위로
조용히 떠올랐다 가라앉는

어머니의 몸속으로 자식들은
두 손을 들이밀며
평생을 아우성쳤다

부드러운 흙 속에 들어 있다가
치명적인 흠집을 내고 마는 모래들
상처 속으로 파고드는 모래들

핏줄에 엉겨붙는 모래들……

말라가는 흙의 뒷모습에
모두 목이 멘다

## 골목길

재개발을 앞둔 텅 빈 골목에
누가 기타를 버리고 갔다
흠집 하나 없다
눅눅한 공기가 현에 닿아
들어본 적 없는 음조를 띤다
기타가 기댄 벽은 뻥 뚫렸고
공가(空家)라는 붉은 글씨가 씌어 있다
버려진 수캐가 뒷발을 들고
찔끔찔끔 오줌을 누는 이 골목길을
내 친구는 자주 술에 취해 걸었다
골목이 쩌렁쩌렁 울리는 호된 꾸중을 들으며
할아버지 대부터 살아온 집으로 들어갔다
대문이 뜯겨나간 그의 집 마당엔
문짝들이 시루떡처럼 쌓였다
그가 취해 오줌을 누곤 했던 나무는
유리 조각 위로 끌리는 그림자가 아픈지
바스락거린다
아무도 살지 않는 동네의

음습한 시간이 내 폐 속으로 들어온다
한 번도 소멸을 지켜보지 못했던
내가 살았던 집들이 떠오른다
끝까지 함께하지 못했던 슬픔들이 밀려온다
그 집들이 사라지는 것을 지켜봤을 시간의
눈동자가 보인다

# 아침 골목 1

한 여자가 사과를 통째로 들고 먹으며
바쁘게 빠져나간 골목에
토마토를 손에 든 청년이 나타난다
토마토를 베어 먹다 나와 마주친 그는
무안한지 중얼중얼하며 간다
그림자를 레이스처럼 끌며 걷는 여자는
어젯밤 골목이 울리도록
전화로 사랑을 호소하며 귀가했다
한 철 전에는 여자의 허리에 팔을 둘렀던
쭉 곧은 몸매의 남자가 있었다
하룻밤 사이에 허물을 벗어버린 모습으로
여자가 나풀나풀 사라진 골목의
쪽문이 열리며
책가방을 멘 아이가 모습을 나타낸다
골목까지 따라온 엄마의 악다구니에
등이 낙타처럼 굽은 아이가
터벅터벅 걸어가는 쪽으로
바람이 내 옷자락을 끌고 간다

# 아침 골목 2

 이른 아침부터 노인의 잔소리가 들려온다 날마다 같은 시간 골목으로 나오는 노인은 지팡이를 휘두르며 개를 저주한다 개 한 마리를 저주하다 세상 모든 개를 저주하고 개 한 마리의 주인을 저주하다 세상 모든 개 주인을 저주한다 저 속도라면 단숨에 탄생을 저주하고 쭈글쭈글해진 삶을 저주하고 살아갈 날과 살지 못할 날을 저주하고 발 디딜 곳에 관처럼 놓여 있는 자신의 그림자를 저주하고 오늘의 태양도 혀에 놓고 굴릴 것이다 산다는 것은 숨이 넘어가는 순간까지 물컹거리는 혓바닥으로 양분을 몰아주는 것이다 욕망의 거품이 버글거리는 입의 근육을 단련하는 것이다 노인이 느릿느릿 사라진 골목에 또 다른 소리 들려온다 삼치, 이면수, 대합, 쭈꾸미, 눈을 떴다 감았다 하는 오징어, 반짝반짝 제주 갈치!

## 날마다 해가 뜬다


그때 우리는 일출을 보러 갔다
그 바다는 낯설고 어둡고
지독히 추웠다
어둠의 고명 같은 다른 사람들도
그 새벽 하나 둘 해변으로 나왔다

우리는 다시 만났다
다시 그 바다로 해가 뜨는 것을
보러 가진 않았다
그 바다 위로 떠오른 해가
지붕을 달굴 때
햇빛이 골목길을 빗물처럼 씻길 때
같이 잠에서 깨어났다

우리는 기뻤고 슬펐고
그 이유를 알았다
옛날에도 우리는 그랬지만
그땐 이유를 몰랐다

며칠 전 그녀가
태평양을 건너갔다

# 벽 너머

가출했던 옆집 여자가
삼 년 만에 돌아왔다
그녀가 돌아온 후 노름꾼 남편은
땅만 보며 걷는다
그동안 그의 눈길은
쥐처럼 다른 집을 들락거렸다
그녀가 왜 집을 나갔는지
왜 되돌아왔는지 나는 모른다
집으로 돌아올 때의 마음이
세탁물 더미에서 옷을 주워 입은 듯
후줄근했을 거라 짐작할 뿐
여자의 방과 나의 방은
샴쌍둥이처럼 붙어 있다
날마다 여자는 주먹으로 벽을 치며
저주를 퍼붓다가
드릴 같은 웃음소리로
내 평화에 흠집을 낸다
골목에서 마주치는 여자의 눈은

바짝 세운 손톱처럼 날카롭다
회오리치는 고통을 풀어놓을 곳이
바다도 숲도
생의 씨눈 같은 고독도 아닌
한 평 남짓한 방이라니!

제3부

## 흙의 절망

아주 어렸을 때도 나는
소리 내 울지 않았다고 한다
한 아이 손을 잡고 한 아이를 업고 시장 갔던 엄마가
방에 뉘어놓고 온 내 걱정에 허둥지둥
대문을 열 때도
울음소리가 들리지 않았단다
배가 고플 텐데 울지도 않는 어린것에게
고마워하며 저녁을 지을 때도
아이는 잠잠했단다
그러다 문득 이상해 달려가 보면
아이는 베갯잇을 흥건히 적시며
소리 없이 울고 있었단다

나는 태어나자마자 절망했다!
발버둥치고 패악을 부렸지만 바꾸지 못한
전생의 기억을 가지고 태어났다

# 일찍 피는 꽃들

일찍 맺힌 산당화 꽃망울을 보다가
신호등을 놓친다
해마다 이맘때면 나는 영화의원 앞
신호등을 제때 건너지 못한다
꽃망울을 터뜨리는
그 나무를 보고 있으면
어떤 기운에 취해
돌아갈 수 없는 곳까지 와버린 듯하다
언젠가는 찾아 헤맬 수많은 길들이
등 뒤에서 사라진 듯하다
서슴없이 등져버린 것들이
기억 속에서 앓고 있는 곳
꽃망울이 기포처럼 어린 나를 끓게 하던 곳
그곳으로 돌아갈 수 있는 길이
그 꽃나무 어딘가에 있는 듯
나는 신호등을 놓치며
자꾸 뒤를 돌아본다

# 해바라기

그 집에는 햇빛이 들지 않았다
껑충한 해바라기꽃이 집을
덮고 있었다
자물쇠처럼 집을 조이던
꽃들이 바람에 흔들릴 때면
여러 개의 문들이
무의식 속에서 다른 말을 하며
삐걱거리는 어둠침침한 집 안에서는
파리한 빛의 파편이 날아다녔다
빛은 살 속으로 몰려들며
잠든 고통을 되살려냈다

## 터널 같은 그림자를

국사당
선바위 옆 사철나무 위로
참새 떼가 내려앉는다
새 떼를 따라 빛도 내려앉는다
빛은 잠시 방울져 맺혔다가 증발한다

선바위를 둘러싼 숲에서
하나둘 사람들이 나타난다
거침없이 내게 찔러넣는 눈빛이 무섭다
얼른 길을 내주며 나는
아직은 환한 하늘에서
그들이 여러 번 소원을 빌었을
달을 찾는다

매캐한 향내
양철판처럼 접히는 허리
촛불의 너울
하늘 높이 들리는 접신의 손길

그들을 바라보는 나의
그림자 속에서 웅웅거리는 소리가 난다
몸을 흡입하는
터널 같은 그림자를
몸에서 떼어내려는 시간

제단 앞 선바위엔
수십 마리 비둘기가 내려앉아
제물을 노리고 있다

## 소용돌이


언제나 이 길에서 여기쯤 이르면
저절로 걸음이 늦춰진다
이유도 모른 채 걸음을 멈추고
서늘해진 가슴을 쓸어내리며
사방을 두리번거리게 된다

누군가도 나처럼 여기 멈춰 서서
자신이 길의 소용돌이 속에 들어 있다는
생각을 했을지 모른다
제 몸 가까이 이르러
세상의 물살이 빨라지고 있다고
느꼈을지도 모른다
몸부림쳐도 이 흐름을
벗어날 수 없다고 한탄했을지도 모른다

자신이 지옥으로 기울어져
속수무책으로 물살이 빠른 거라
절망했을지도 모른다

아, 어쩌면
누군가가 여기에다 부려놓은
고통을 내가 느끼고 있는지도 모른다
우리는 많이 닮았을지도 모른다

# 남의 삶을 꺾으려면

산책길에 복숭아꽃에 취해
생각 없이 한 가지 꺾고 말았다
쑥을 캐던 노인들은
그깟 일에는 관심도 없었다
가지를 꺾는 순간 후회했지만
그걸 꽃병에 꽂을 때쯤
찜찜하던 마음은 사라져버렸다

오늘 나는 또 그 길을 걸었다
문득 걸음을 되돌려
성벽 근처 그 나무 아래로 가보았다
미안한 마음으로 나무 아래 섰을 때
갑자기 다리가 꺾이며
맥없이 비탈 아래로 굴러떨어졌다!
정신이 들었을 때는
복숭아나무 가지가 힘껏 내려친 듯
여기저기 상처가 났고
놀란 근육이 푸들푸들 떨렸다

나는 너무 나약해서
복숭아나무에게 복수당했다

남의 삶을 꺾으려면 회의하지 말고
오직 목적만 생각해야 한다!
그러면 삶은 늘 정당하고
흠 없을지니

## 그 꽃들

어느 해 우리는
복숭아나무를 심었다
복사꽃에 홀린 귀신이 담을 넘어올까 봐
귀신이 우리의 평온을 깨뜨릴까 봐
복숭아나무는 집 밖에 심었다
꽃이 피면 어머니는 나무 곁으로 가서
하염없이 꽃을 바라보곤 했다
복사꽃 그림자가 담뿍 내려앉은
어머니는 명부(冥府)를 보는 듯
숙연했다 아름다웠다
눈앞의 세계가 나쁘지 않은지
얼굴에는 잔잔한 미소가 스치기도 했다
어머니는 병중이었다

# 밤새 무슨 일이

밤새 이 숲엔 무슨 일이 있었다
풀도 나무도 기운이 이상하다
밤새 이 숲엔 무슨 일이 있었다
풀꽃은 뭉개졌고 나뭇잎은 빳빳하다

공기는 시큼하고
하늘은 한눈에도 과장되게 푸르다
이 숲엔 밤새 무슨 일이 있었다

이곳은 한동안 이렇게 음산하리라
나무들은 그림자에 코를 박고 있으리라

풀밭 여기저기 널브러져 있는 하얀 깃털은
평화롭던 기억 속으로 다시 모이는지
바람이 불 때마다
한 덩어리로 뭉쳐지고 있다

## 꽃이 지는 길

길을 가려면 꽃길로 가라
꽃길 중에서도
꽃이 지고 있는 길로 가라
움켜잡았던 욕망의 가지를 놓아버린 손처럼
홀가분한 꽃들이 바람의 길을 가는
그 길로 가라

꽃들은 그늘지고 어두운 곳까지 나풀나풀 다가가고
꽃이 진 자리는
어느 순간 당신 삶의 의미를 바꾸리라
그러면 오랜 굴레에서 풀린 듯
삶이 가볍고 경쾌하리라

그 길로 가다 보면
수밀도에 흠뻑 취할 날이 있으리

## 물방울들

허공을 떠돌던 물방울이
내게로 몰려든다

실개천처럼 명랑하던 나는 점점
무거워지며 그르렁거린다

발꿈치를 들고 풀쩍 건너뛰고 싶던 삶은
두터운 구름이 되고

낮고 모서리 진 곳을 기며
어두워져 간다

## 새집이 내려다보이는 곳에서

여기까지 오는 동안 숲은
융통성을 가르치는 듯 구불구불했다
꼼꼼히 숲을 뒤지던 풀도
쉬지 않고 뭔가를 속삭였다
나는 키를 낮춰 귀를 대진 않았지만
그 말을 들었고
새집이 내려다보이는 비탈에서 멈췄다
나무들은 여름 햇빛처럼 무성했고
나무마다 크고 작은 새집이
분화구처럼 숨을 쉬고 있었다
거기 서 있는 동안엔
까마득한 기억의 단층들도
열기를 뿜으며 들썩거렸다

## 어떻게 알았을까


어린 새 한 마리 둥지에서 떨어졌다

누가 가르치지 않아도
어떻게 알았을까
삶을 박차는 쾌감

숲은 칙칙한 그림자를 포개고 있다

그림자가 짙은 곳에는
밝디밝은 꽃들
꽃 위에서 끝나는
보풀 같은 길들

어린 새는 부리를 내려 쉼표를 찍는다

보드라운 새의 깃털이
마냥 행복한 눈꺼풀처럼
떨다 멈춘다

## 눈, 눈빛

나는 한 은행나무를 사 년째 보고 있다
해마다 저 나무는 한겨울이 되도록
가지에 은행을 주렁주렁 매달고 있었다

해가 바뀌고
무성하던 잎이 다시 물들 때까지도
열매를 움켜쥐고 놓지 않았다

은행나무는 회의하고 있다
저 많은 열매로 눈을 뜨고
무엇인가를 바라보고 있다

나무 아래선 옹이 같은 남자가
야채를 판다
사 년 동안 그의 삶도 달라지지 않았다
그에게 산 야채가 담긴
검은 비닐봉지를 들고 걷다 보면
인간의 신산한 눈빛이 은행알처럼

세상의 나뭇가지에 걸려 있는 것이 보인다

은행나무 뿌리와
사람들 뿌리와
내 뿌리가
발밑에서 엉킨다

## 음지에서

슬픔이 허공을 잡고
새순을 밀어올린다

무수한 생각 포자로 떠돈다

## 결혼 축하

세종로가 내려다보이는 음식점에 앉아
젊은 친구에게 줄 카드를 쓴다
결혼을 축하하며
혼자인 내 몫과 그 이자까지 챙겨
행복하게 살라며

무리에서 벗어난 비둘기는
햇살을 깃털 속에 빗처럼 꽂아
외로움을 치장하고
저만치에선 욕망과 불만으로 가득 찬 얼굴의
여자가 포크로 국숫발을 감으며
전화를 하고 있다
채권…… 이자…… 팔아라…… 기다려…… 임자가……

문득 지금까지 참아냈던 삶의 이자를
소급해 받고 싶은 토요일 오후

## 아픈 날


혼미한 의식을 흔들며 전화벨이 울린다
꼼짝 못하고 누워 귓전에 울리는
목소리를 듣는다
목소리는 과거로부터 울려온다
널브러져 있는 이삿짐과
어둡고 습한 부엌과 변소와
꽃밭과 채마밭과 바닥을 드러낸 저수지와
막 코뚜레를 하고 온 송아지가
나타났다 사라지고

다시 전화벨이 울린다
닭의 목을 비트는 남자의 손과 굵은 목덜미와
허공에서 흔들리는 소의 넓적다리와
비린내가 울컥 구역질을 일으키고
젖은 흙더미 밖으로 나와 있는
아이의 신발 한 짝이 보인다

다시 전화벨이 울린다

저편의 목소리가 화를 낸다
내가 아파서 화가 난 것인지
화가 나서 전화한 것인지
전화를 안 받아 화가 난 것인지
내가 현실 속 목소리를 듣고 있는 것인지

## 언젠가는

내 삶이 얼마 남지 않았음을
깨닫는 순간이 올 것이다
그땐 내가 지금
이 자리에 있었다는 기억 때문에
슬퍼질 것이다
수많은 시간을 오지 않는 버스를 기다리며
꽃들이 햇살을 어떻게 받는지
꽃들이 어둠을 어떻게 익히는지
외면한 채 한곳을 바라보며
고작 버스나 기다렸다는 기억에
목이 멜 것이다
때론 화를 내며 때론 화도 내지 못하며
무엇인가를 한없이 기다렸던 기억 때문에
목이 멜 것이다
내가 정말 기다린 것들은
너무 늦게 오거나 아예 오지 않아
그 존재마저 잊히는 날들이 많았음을
깨닫는 순간이 올 것이다

기다리던 것이 왔을 때는
상한 마음을 곱씹느라
몇 번이나 그냥 보내면서
삶이 웅덩이 물처럼 말라버렸다는
기억 때문에 언젠가는

## 꽃과 꽃 사이

꽃이 아름다운 것은
꽃과 꽃 사이에
거리가 있기 때문이다

도드라지게 아름다운 꽃들은
그 거리가 한결 절묘하다

꽃과 꽃 사이 꿀벌이 난다
안개가 피어오른다
해와 달의 손길이 지나간다
바람이 살얼음을 걷으며 분다

향기가 어둠의 계단을
반짝이며 뛰어 오르내린다

봉긋해지는 열매들은
서로의 거리를
앙큼하게 좁힌다

## 근황

우울한 생각을 물뿌리개처럼 뿜어내며
가을빛이 쏟아지는 길을 걸었다
나는 경사가 심한 길을 걸었고
심층의 나무뿌리가 구불거리는
흙의 기억도 넘어갔다
때로 길에서 만난 사람들은
나와 마주치지 않으려 재빨리 돌아서거나
놀라 그 자리에 멈췄다
아스라한 소실점 같은 기억 속
그들의 눈이 뿔처럼 빛났다
닳고 닳은 그림자를 빨아들이는 땅을
넋 놓고 보다 고개를 들었을 땐
생애 가장 아름다운 노을이
눈앞에 펼쳐졌다

제4부

## 멀리서 오는 편지

—서울 생활은 왜 그리 바쁘기만 한지 늘 쫓기는 기분으로 지내 게 되는데, 그래도 이곳에서는 이런저런 옛날 일도 들춰 보게 되고 그리운 것들도 생각납니다

일본 사는 친구는 일본에선 편지를 쓰지 않는다
그의 편지는 영국, 오스트리아, 스위스, 프랑스, 독일에서 날아온다
서울 사는 화가 친구도 로마에 가야만 편지한다
지천으로 핀 양귀비꽃이 얼마나 고혹적인지
밤비는 마음의 어느 구석을 적시는지
쓴맛을 물고 있던 예민한 혀처럼
떠나가면 어떤 일을 가장 먼저 잊게 되는지
어느 때 정신이 멍하도록 되살아나는지

떠난 자들은 촉촉하고 보드랍다
먼 곳에선 달처럼 둥실 떠오르는 것들이 있나 보다

# 우산 속 남녀

퍼붓는 빗속에 낡은 우산이 멈춰 있다
우산 속엔 남자와 여자가 있다
나는 가까이 가서야 우산 속 여자가
만삭임을 안다
여자는 도넛을 먹고 있다

젖지 않도록 우산을 받쳐주며 남자는
여자가 허겁지겁 먹는 것을
행인이 못 보도록 신경 쓰는 중이다
우산의 기울기를 조절하는 남자와
먹고 있는 여자는 반쯤 젖었다

고장 난 신호등의 질서 속으로
차들은 빗물을 튀기며 달려간다

고장 난 질서에 묶여 있던 남자의 팔이
여자의 야윈 몸을 와락 껴안는다
여자가 먹던 달 같은 도넛이

빗속으로 들리고 두 사람의 어깨 위로
낡은 우산이 무너진다

두 사람의 더 큰 부분이
비와 우산에 가려진다

# 재탕되는 시간들

의사에게 맥 빠지는 말을 듣고
친구를 보러 간다
봄이 오는 들판을 기차를 타고 간다
이 시간이 바람처럼 나를 들어 올려줄 것 같아
심호흡을 하며 들판을 달려간다

나는 여러 번
이 길을 지나갔다
그때마다 차창 밖 나무들은
돌이킬 수 없는 가지를 뻗었다
기차가 굉음을 내며 터널로 들어갈 때면
나를 놓아주지 않고 따라온 뭔가가
터널 벽에 부딪혀 떨어져 나갔다

입석표를 들고 통로에 서서 다른 이들이
등지고 가는 풍경을 되새김질한다
세상이 재탕된 한약처럼
뿌옇게 흘러든다

차창 밖에선
오므라들고 있는 허공 속 길을 펴며
새가 날고 있다

# 머무는 심경(心境)

한국 사람은 여기서도 예외가 아니어서
투기 바람을 일으키고 있다.
한국의 정치, 교육제도가 싫어서 이민 왔다지만
여기 와서도 학교에 촌지를 바치고
부동산 투기 바람을 일으킨다.
좁은 국토에서 살았던 설움 때문인지
애국하려는 마음인진 모르지만
바라보고 있으면 가슴이 참 답답하다.


내 친구는 이 땅에서와 다를 바 없는
토종 한국인으로 미국에서 살고 있다
우리의 명절을 챙기고 우리의 음식을 먹고
햇빛에 빨래를 널어 말리며
우리의 정서로 편지를 쓴다


내가 사는 집은 한국식으로 말하자면 연립주택 형식이고
백 가구가 살고 있다.
우리 집 바로 앞엔 집들이 몇 채 있고
집으로 들어오는 길목의 집엔

석류나무 두 그루, 자목련, 감나무가 있지.
정말이지 그 집엔 나무가 무성한데
곧 공청회 끝나면 아파트나 콘도로 재개발된다 한다.
그것 역시 한국 사람들의 힘이다.
매일 그 나무들을 보는 즐거움이 컸는데
조만간 그것도 아련한 추억이 되지 싶다.

욕망이 빛처럼 뻗어가는 곳에는
머물고 싶어 하는 자들이 널어놓은 빨래가
촉수처럼 마른다

## 바늘만 한 틈으로

충무로의 호텔 앞에서 만나기로 한
사람을 기다리는 동안
눈에 띄게 예쁜 여자들이
줄줄이 택시에서 내린다
호텔 모서리에 있는
대형 지하 술집으로 들어간다
귀여워 보이는 여자 청초해 보이는 여자
세련된 여자 서늘한 여자 우아한 여자
야한 여자 지적으로 보이는 여자들이
그 문으로 사라진다
(내겐 저처럼 쉽게 열린 문이 없었다)
그들이 들어간 문을
넓은 어깨의 남자들이 지키고 섰다
(내겐 저처럼 지켜야 할 것이 없었다)
수수해 보이는 한 여자에게 끌려
따라가던 내 마음이
여자가 밀고 들어간 문에 튕겨 나온다
(손을 짓찧으며 닫아야 했던 문은 얼마였던가!)

바늘만 한 틈으로 문 안의 배반을 알아버린 사람처럼
나는 뒷걸음쳐 어둠 속에 선다
만나기로 한 사람이
섬뜩하게 해맑은 얼굴로
호텔 정문을 밀고 나온다

## 동질(同質)


이른 아침 문자 메시지가 온다
―나지금입사시험보러가잘보라고해줘너의그말이꼭필요해
모르는 사람이다
다시 봐도 모르는 사람이다

메시지를 삭제하려는 순간
지하철 안에서 전화기를 생명처럼 잡고 있는
절박한 젊은이가 보인다

나도 그런 적이 있었다
그때 나는 신도 사람도 믿지 않아
잡을 검불조차 없었다
그 긴장을 못 이겨
아무 데서나 꾸벅꾸벅 졸았다

답장을 쏜다
―시험꼭잘보세요행운을빕니다!

## 허공이 풍요롭다
──오규원 시인에게


새벽에 깨어
머리맡에 놓인 시집을 읽는다
죽은 자의 시집이다
체 같은 그림자를 받쳐들고
동물의 세계에서
식물의 세계로 간 자의 시집이다
그 길 어디쯤에서 나는 그를 만났다
뜨거운 모래밭에서 언어를
사금처럼 거르며 힘들게 숨 쉬던 그의
손끝은 오래 쓴 펜촉처럼 갈라져
생살을 보였다
모르고 불쑥 손을 잡았다가
비명 소리에 놀라곤 했던
기억에는 감초향이 난다
그의 언어는 덩굴식물처럼 뻗으며
허공에 꽃을 매단다
잎맥이 훤히 드러나고 있는
허공이 풍요롭다

## 그의 별


그는 산을 올랐다
뜨거운 눈물 항아리를
혹처럼 지고 갔다
자주 멈춰 하늘을 봤고
바늘처럼 찔러대는
빛살도 응시했다
산에서는 그가 사는 도시가
한 송이 가시연꽃처럼 보였다
모퉁이를 돌 때 그의
두 눈이 역광 속에서 빛났다
같이 가던 사람이 눈물을 닦으며
낮은 목소리로 "감격이야!" 했다

그는 그날
바라보던 별에
성큼 다가갔다

# 덩굴

두 남자가 간다
한 남자는 젊었고 한 남자는 늙었다
젊은 남자는 키가 크고 늙은 남자는 키가 작다
키 큰 남자는 쭉 곧았고 작은 남자는 휘었다
곧고 키 크고 젊고 잘생긴 남자가
아버지라고 부르는 사람의
갈고리 같은 손은
농익은 흙내를 풍긴다
날마다 동이 트기 전 적어도 세 번은
부정하고 싶을 아버지
그 아버지의 아버지의 아버지가 의지한 아들의
머리카락은 윤기 있고 콧날은 높고 어깨는 넓다
탄력 있어 보이는 허리는
산도 번쩍 들어 올릴 듯하다

온갖 전광판이 빛을 쏘아대는 길에서
아버지가 잡고 있는 아들이
위태로워 보인다

# 그는 나를 보지 못했다

그는 나를 알아보지 못했다
나도 그럴 뻔했지만
푸른 신호등을 기다리고 있는
눈에 익은 옷과 옆모습을 알아봤다

혼자 있을 때 그의 얼굴은 낯설었다
쓸쓸하고 나약해 보이는 그를
뒤따라 차도를 건넜다
그는 뒤를 돌아보지 않았고
어딘가에서 우리의 길은
갈렸다

그가 뒤를 돌아봤다면
나는 이렇게 말했을 거다
오늘 참 좋아 보이네요
뭔가 좋은 일이 있을 것 같아요
아니다, 어쩌면 기교 없이
본 대로 말해준 뒤

혀를 물며 후회했을지 모른다

못 건넨 마음을 기도문처럼 외며
상점으로 들어가
내가 건네지 못한 인사를 받는다
너무 친절한

# 한 분류법

삼십 분째 백화점 앞에 서서
밥을 먹느라 늦는다며 전화한
친구를 기다린다
배고픈 내 앞으로
두 부류의 사람들이 지나간다
화사한 사람 허름한 사람
그들을 눈여겨보다 유리에 비친
내 모습을 곁눈질한다
내가 지금보다 더 배가 고팠다면
이 순간을 참지 못했을 것이다
어쨌거나 나는 지금 배가 고프고
백화점 문을 열고 나오는 사람들 덕분에
끈적거리는 내 목덜미에 서늘한 공기가
물수건처럼 얹히기도 한다
나는 지금껏 두 부류의 사람만 만났다
배부른 자와 배고픈 자
가진 자와 못 가진 자
소통할 수 있는 자와 소통 불능의 자

강한 자와 약한 자
따뜻한 자와 냉혹한 자
내가 정말로 좋아하는 것은
슬픔을 견디는 미소
빛이 예감되는 어둠
행동을 늦추는 생각들
그런데 햇볕이 쏟아지는 백화점 앞에서
세상을 읽고 있는
이 분류법은 언제 익힌 것일까

## 불쑥 들어간 세계

그가한길에양말을벗어놓았다
발의형체가그대로남아있다
만져보면체온도남아있겠다
그는어떤세계로간걸까

햇볕이기름처럼머리에쏟아진다
바람속엔뜨거운멍울이있다
그를찾는내몸은불붙은화약처럼쉭쉭댄다
숨이찬나는목단추를풀며
신발이라도벗어양말곁에놓아보고싶다

그는내가바라보는곳으로사라져갔다
양말의방향이그것을말해준다
그는차분했다
양말의형체가그것을말해준다
그는뒤에남긴세계에예의를표했다
얌전히놓인양말이말해준다

걸음을멈추고한쪽양말을벗기까지
벗은발로중심을잡고
다른쪽발의양말을벗기까지몇미터거리에
뒤도돌아보지않았을
사라진삶의암시가있다

# 먹물을 마신다


어둠 속에서 누가 내 이름을 부른다
이불을 바짝 끌어당겨
새끼 새가 어미의 깃털에 파고들듯
턱을 묻고 잠을 청할 때

나를 부르는 사람이
편한 사람이라도 되는 양
애써 "왜?" 대답해본다
어둠이 내 이마를 누르며
중심을 옮겨오는 것이 느껴진다

이불을 걷어찬다
묵직한 어둠이 내 목을 감는다
어깨를 감싼다
눈을 지그시 들여다본다
길고 미끈한 혀를 눈에 넣어
한 점 빛마저 빨아내버린다

나는 뻣뻣해져

펜처럼

어둠을 머금고 있다

# 분화구

 마스크를 끌어올려 두 눈을 가리고 머리를 젖히고 남자가 자고 있다 마스크는 입이 아닌 눈을 덮었을 뿐인데 생리대로 뜨거운 국그릇을 감싸 쥔 것처럼 파격적이다 외설적이다 저 정도면 어디서든 활개치며 살아왔겠다

 욕망을 좇는 모습이 저런 것인가 곯아떨어진 몸은 편해 보이지 않는다 남자와 나는 같은 곳에서 전철을 탔다 남자는 한쪽으로 붙어 서 있는 나를 팔꿈치로 치며 에스컬레이터를 뛰어 내려갔다 추레한 모습과 삐뚤게 닳은 신발 뒤축을 보며 나는 수많았을 그의 너울과 미래를 얼마쯤 상상했다

 목이 푹 꺾이는 남자는 원형 탈모가 심하다 벌어진 입에선 가래가 끓는다 그가 잠깐 놓여난 세계의 창밖으로 둥근 달이 지나간다

## 촉수

파리 한 마리가 얼굴 위로 날아오자
냄새가 난다
어디다 코를 박고 살았는지
다 알겠다

네게서도 냄새가 난다

당신도 나를 알았을 테니
에두를 필요 없겠다

## 한 무덤 앞에서

한 번도 그녀가
목 놓아 우는 것을 보지 못했다

그녀는 넘어질 때마다 발목을 잡는 슬픔의 뿌리를 뽑아냈어야 했다 뽑혀 나온 시신경(視神經) 같은 뿌리를 보며 내 암흑이 고작 이거냐며 으름장을 놓거나 울음 속까지 뿌리를 뻗어오는 절망의 덜미를 잡고 패대기를 쳤어야 했다

꽉 찬 자루처럼 미어터지며
괴상한 소리를 내고 있는 몸에서
국숫발 같은 영혼 삐져나온다

| 해설 |

# 내 몫이 아닌 생, 혹은 흙의 존재론

이 광 호

  어떤 시인들은 풍경이 아니라, 자기 생의 시간성 자체를 응시의 대상으로 삼는다. 시인이 하나의 풍경에 매혹되거나, 어떤 장면에 대한 세심한 관찰자의 모습을 보일 때도, 그가 응시하는 것은, 그 너머의 어떤 근원적인 시간성이다. 시인은 기억과 미래에 대해, 돌아갈 수 없는 시간으로서의 과거와 돌아가야 할 시간으로서의 죽음 사이에서 자기 존재의 의미를 끊임없이 되묻는다. 조은의 시에서 삶과 죽음 사이의 긴장을 발견하는 것은 당연한 일이었다. 생에 대한 깊은 자기 성찰에 이르려는 시인에게, 삶의 근거이자 삶의 연장으로서의 죽음을 이해하는 것은 중요하기 때문이다. 그는 시「무덤을 맴도는 이유」에서 시인은 "나를 살게 하는 것들이/무덤처럼 형체를 갖는 이유"에 대해 말한 적이 있다. 시인은 자꾸만 "알 수가 없다"라고 되뇌

지만, 그 알 수 없음을 성찰하는 태도야말로 삶을 견디는 하나의 방식이었다.

　새로운 시집에서 조은의 질문법은 보다 단호하며, 특유의 흙의 존재론은 보다 풍요로워진다. 이 말은 좀더 세심하게 보완될 필요가 있다. 질문의 단호함은 생에 대한 대답의 단호함이 아니라, 그 질문의 깊이에 관련되는 문제이다. 흙의 이미지는 앞선 시집들에서도 이미 드러나 있지만, 이 시집에 이르러 생의 '사건성'이 드러나는 이미지로 구체화되고 활성화되어 있다. 서정시의 일인칭의 미학은 자기 연민과 자기도취의 길을 외면하고 정직하고 뼈아픈 자기 응시의 격렬한 기록이 된다. 일인칭 화자는 생의 의지와 죽음의 예감이 서로에게 빚지고 있는 생의 깊은 아이러니를 대면한다. 그 대면의 순간들 속에서 자기 존재 안에 깃들인 '외부' 혹은 '암흑'을 만난다. 그것을 무섭고도 고요한 시적인 순간이라고 부를 수 있다. 이제 시집의 맨 앞에 자리한 서시로부터 조은 시의 내적 시간으로 떠나는 모험을 시작할 수 있다.

　　삶의 갈래
　　그 갈래 속의 수렁
　　무수하다

　　손과 발은 열 길을 달려가고

정수리로 치솟은 검은 덤불은
수만 길로 뻗는다
끝까지 갔다가 돌아 나오지 못한 진창에서는
바글바글 애벌레가 기어오른다

봄꽃들 탈골한 길로
단풍 길 쏟아진다

손가락마다 지문을 새겨 살아도
내 몫이 아닌 흙이여 　　　　　—「모순 1」 전문

"삶의 갈래/그 갈래 속의 수렁/무수하다"라는 묘사는 엄격하게 말하면 외부 풍경에 대한 묘사가 아니라, 삶에 대한 추상화된 풍경이다. 그것은 객관적인 현실이기보다는 삶의 시간성에 대한 응시가 만들어낸 장면이다. 다음 연에 등장하는 "정수리로 치솟은 검은 덤불"과 "끝까지 갔다가 돌아 나오지 못한 진창"과 같은 강렬한 이미지 역시 비유적으로 구성된 시간과 기억의 한 이미지이다. 그 이미지의 환상적인 감각은 다음 연의 압축적인 시간 이미지로 수렴된다. "봄꽃들 탈골한 길로/단풍 길 쏟아진다." 세심하게 선택된 조은의 언어들은 단어 하나의 힘이 시 전체를 들어 올릴 때도 있다. '봄꽃들의 탈골'이라는 표현의 아름다움, 혹은 뼈아픔. 그 뼈아픔의 마지막 전언은 "손가락마다 지문을 새겨 살아도/내 몫이 아닌 흙이여"라는 감탄사의 문장이다. 이 문장이야말로 이 시의 제목이 왜 '모순'인가를 말해주는 결정적인 근거가 될 것이다.

 손가락마다 지문을 새기는 것은, 육체의 고유성과 시간성에 대한 이미지이다. 지문으로서의 삶은 그 생의 유일성과 그 육체가 지나온 시간에 대한 은유가 될 수 있다. 그런데 핵심은 마지막 단어이다. "내 몫이 아닌"과 "흙이여" 사이에는 일종의 의미론적 간격이 존재한다. '내 몫이 아닌 생(삶)이여'라고 표현했다면, 논리적 이해는 훨씬 쉬웠을 것이다. 생의 고유성과 시간성에도 불구하고, 그 생은 자신의 몫이 아니었다는 것은 일종의 모순이기 때문이다. 그런데, 갑자기 '흙'이 등장한 것이다. '흙'의 이미지가 등장한 이유에 대해 이 시는 어떤 논리적인 설명도 제공하지 않는다. '갈래' '수렁' '덤불' '진창' '길' 등의 이미지들이 '흙'이라는 이미지와 연관되어 있다고 생각할 수 있으나, 앞의 것들이 주로 '형태'에 관한 것이라면, '흙'은 물질 그 자체의 성격에 관련된 것이다. 그렇다면 '형태'로서 주어진 시간의 길을 살아왔음에도 불구하고, 그 물질적 내용으로서의 '흙'은 내 것이 아니라는 것일까? 아니면 길이라는 형태의 궁극적인 물질이 '흙'이라면 그 흙은 시간의 마지막 이미지, 그러니까 생의 너머의 단계를 암시하는 것일까? 이제, 이 사소한 질문들을 이 시집을 관통하는 의미 있는 질문으로 만들어보자.

흙이다
뜨겁던 피가 삭은
흙이 이처럼 가까이 있다

이마에도 베갯잇에도
흙이 떨어져 있다
입에선 담즙의 세월도 삭이지 못한
모래가 씹힌다

낡은 집의 서까래 아래
잠 속으로 은신한 나를 때리는
능숙한 암흑
몇 번의 부식 과정을
온몸으로 견뎌냈던 정신은
문득 내 것이 아닌 듯하다

성에 차지 않는다는 듯
오래 참아줬다는 듯
흙이 또 떨어진다
한밤중 몇 번씩 얻어맞는
나의 내면이 식어간다 ——「마른 흙은 떨어지고」 부분

'흙'이란 무엇인가에 대한 의미 있는 단초를 이 시에서 발견할 수 있다. 잠결에 마른 흙이 떨어져 얼굴을 때린다. "낡은 집의 서까래 아래"에서 떨어지는 흙은 "뜨겁던 피가 삭은" 것이기도 하고, "담즙의 세월도 삭이지 못한 모래"이기도 하다. 그것은 또한 "잠 속으로 은신한 나를 때리는/능숙한 암흑"이다. 흙이 떨어지는 것은 내 얼굴과 정신을 충격하는 사건이다. 그 사건은 "몇 번의 부식 과정을/온몸으로 견뎌냈던 정신은/문득 내 것이 아닌 듯하다"라는 내적 변화를 낳는다. 흙이 떨어지는 사건은 "정신이 문득 내 것이 아니"라는 혼란 속으로 '나'를 밀어 넣는다. 흙은 계속 떨어지고 "오래 참아줬다는 듯" 또 떨어지는 흙의 충격은 가차 없다. "나의 내면이 식어간다"라는 마지막 문장처럼, 흙이 떨어지는 사건은 내 존재를 다른 세계로 이동시키는 계기이다. 거기서 '나'의 내면은 그 동일성과 뜨거움을 잃고 '외부'로 밀려난다.

지붕에서 벼슬처럼 자라던 풀을 넘어뜨리며
기왓장이 걷히자 붉은 흙이 모습을 드러냈다
오랫동안 집들을 지탱해준 것이
들보나 대들보가 아니었나 보다
내 머릿속에 들어 있는 뇌처럼
얼마 안 되는 물렁한 흙이었던 것 같다

비가 내리고
흉하게 드러난 집들의 늑골을 적시며
흙이 흘러내린다

집의 완고함이
풀린다 ——「지붕 위에는 흙」 부분

여기, 또 흙이 흘러내린다. "재개발로 곧 헐려나갈 집들이 기와를 걷어"내자, "붉은 흙이 모습을 드러냈다." 흙은 집의 형태를 떠받치고 있던 집의 내용 물질이었다. "오랫동안 집들을 지탱해준 것이" 흙이었고, 그 흙은 '내 머릿속의 뇌'와 같은 것이다. 뇌는 머리의 내용이고, 인간 의식의 핵심이다. 흙이 흘러내리는 것 역시 하나의 사건이라면, 그 사건은 "집의 완고함이/풀"리는 사건이다. 앞의 시에서 흙이 떨어지는 것이 정신의 동일성에 충격을 가하는 사건이었다면, 이 시에서 흙이 흘러내리는 것은 집의 완고한 형태가 무너지는 사건이다. 두 편의 시에서 흙이란, 형태와 질서의 내부로부터 문득 터져 나와 다른 차원을 열게 하는 것이다. 흙이란 단순히 물질이 아니라, 어떤 외형적인 질서의 심층에 도사린 것이 개방되는 사건의 이름이다. 흙은 바로 그러한 존재론적 변이를 만드는 이미지이다. 다른 방식으로 말한다면, 흙은 존재가 시간 속에서 그 내부의 다른 차원이 드러날 수 있는 가능성이다. 또 다른 시들에서 흙은 급기야 인간의 얼굴을 하고 나타난다.

    젖은 흙더미 같은 몸을 지탱한 남편의
    손톱 밑에는 검은 흙이 끼어 있다
    거친 손의 주름살을 메우고
    손톱의 하얀 반달을 덮고
    두 눈에 질척하게 매달려 있는 흙
    그의 체온에 익었을 흙은
    강인해 보인다
    이 순간만 버티면 삶이 지탱되리라 믿는지
    얕은 호흡에도 어깨가 흔들리는
    쓰러질 것 같은 그의 얼굴엔
    흔들리지 않는 고집이 있다

    수술실에서 나온 의사가 보호자를 부른다
    노부부가 벌떡 일어나 흙빛으로 달려간다
                             —「흙의 고독」부분

  이 시의 장면은 일상적인 것이다. 보호자 대기실에 "씨감자처럼 쪼글쪼글한 아내"와 "젖은 흙더미 같은 몸"을 가진 남편이 있다. 남편의 육체는 아프지만, "이 순간만 버티면 삶이 지탱되리라 믿는" 고집이 있다. 그런데 그 남편의 강인함을 지탱하는 것은 흙이다. 남편의 손톱 밑의 검은 흙은 "거친 손의 주름살을 메우고/손톱의 하얀 반달을 덮고/두 눈에 질척하게 매달려 있"다. 강인해 보이는 것은 남편이 아니라, "그의 체온에 익었을 흙"이다. 마지막 장면에서 노부부가 '흙빛'으로 달려갈 때도, 그 흙은 그들의 삶에 대한 강인한 의지를 표상한다. 그 의지는 그러나 이 시의 제목처럼 '고독'한 것이고, 그 고독은 '흙의 고독'이다.

> 배가 고플 텐데 울지도 않는 어린것에게
> 고마워하며 저녁을 지을 때도
> 아이는 잠잠했단다
> 그러다 문득 이상해 달려가 보면
> 아이는 베갯잇을 흥건히 적시며
> 소리 없이 울고 있었단다
>
> 나는 태어나자마자 절망했다!
> 발버둥치고 패악을 부렸지만 바꾸지 못한
> 전생의 기억을 가지고 태어났다
> ——「흙의 절망」 부분

내밀한 자전적 장면들을 드러내는 이 시에서도 흙은 인간의 얼굴과 기억을 대신한다. "배가 고플 텐데 울지도 않는 어린것"은 사실 "베갯잇을 흥건히 적시며/소리 없이 울고" 있었다. 갓난아이의 절망은 단지 배고픔에 대한 절망이 아니라, '전생의 기억'에 대한 절망이다. "발버둥치고 패악을 부렸지만 바꾸지 못한/전생의 기억" 때문에, '나'는 태어나자마자 절망한 것이다. 그런데 왜 그것이 '흙의 절망'인가? '흙'은 갓난아이의 기억과 전생의 기억과 현재의 '나'를 이어주는 어떤 존재론적인 이미지다. '흙'은 '나'라는 일인칭의 심층 속에 숨어 있는 다른 시간의 존재를 그 안에 포함하고 있기 때문이다. 그래서 일인칭 '내'가 흙을 대면하는 순간은 다른 시간 속의 존재를 발견하는 순간이다.

그러니까 "나뭇가지와 정면으로 서자/내 몸을 잘근잘근 씹고 있는/흙의 미립자가 느껴진다"(「야윈 길」), "사람들의 발길에 씨앗이 뭉개져도/흙으로 완성될 잎들은 화사하다"(「가을 은행나무 밑을」), "죽음만이 늙은 여자의 단호한 표정을/흙으로 바꿀 수 있으리라"(「한번도 그처럼」)와 같은 문장들이 이 시집의 도처에서 출몰하는 것은 당연한 일이다. 흙은 '나'이기도 하고, '그'와 '그것'이기도 하지만, 그 존재들이 어떤 시간을 그 안에 품고 있는지, 그 내재성의 이미지를 드러낸다. 흙의 이미지를 통해 '나'와 '그'는 다른 차원의 시간으로 이동한다. 흙을 만나는 시간은 그 근원적인 시간의 차원이 드러나는 장면이다.

어머니의 몸속으로 자식들은

두 손을 들이밀며
　　평생을 아우성쳤다

　　부드러운 흙 속에 들어 있다가
　　치명적인 흠집을 내고 마는 모래들
　　상처 속으로 파고드는 모래들
　　핏줄에 엉겨붙는 모래들……

　　말라가는 흙의 뒷모습에
　　모두 목이 멘다
　　　　　　　　　　　—「연주가 끝난 아코디언처럼」 부분

　이제 흙은 대모신(大母神)의 여성적 이미지를 부여받는다. 몸이 아픈 어머니의 육체는 바다 모래톱에서 "깊게 주름진 몸이 연주가 끝난 아코디언처럼" 엎혀 있다. 어머니의 몸이 "부드러운 흙"이라면, 그 몸을 파고드는 자식들은 "치명적인 흠집을 내고 마는 모래들/상처 속으로 파고드는 모래들/핏줄에 엉켜붙는 모래들……"이다. 부드러운 흙은 그 습기 때문에 생명을 잉태할 수 있지만, 말라버린 흙은 여성적 생산성을 상실한 어머니의 몸처럼 불모지가 된다. "말라가는 흙의 뒷모습"은 대지모신(大地母神)의 여성적 에너지를 상실한 몸, 혹은 소멸의 시간을 살아내는 몸이다. 흙은 삶 이후의 시간을 만나게 한다.

거울 속
나를 보는 눈빛
폭우 속에서 나를 보는
바위 안에서 나를 보는
난간 위에서 나를 보는

나는 저 눈과 마주친 적이 없는데
저 눈도 나도
서로를 기억한다

비를 맞으며 식어가는
바위에 갇혀 들끓는
난간 아래로 무너지는
한 번도 마주친 적 없는

새카만 눈들이 거울 면에
다글다글 달린다 ——「기억의 심층」 부분

  흙을 대면하는 시간이, 일인칭 안의 다른 시간을 불러오는 순간이라면, 그 순간은 '나'의 내부를 다른 차원에서 응시하는 장면이기도 하다. '흙'의 이미지가 등장하지 않는 시들에서 '내'가 대면하는 '눈'들도 그러한 것들이다.

"거울 속 나를 보는 눈빛"은 "저 눈과 마주친 적이 없는데/ 저 눈도 나도/서로를 기억한다." '폭우'와 '바위'와 '난간' 의 시간은 내 의식 속에서는 존재하지 않지만, 내 심층적 인 기억 속에 존재한다. 그 '기억의 심층'으로 요약되는 시 선이야말로 '내'가 다른 존재를 대면하여 '나'의 외부와 만 나는 계기가 된다. 마주친 적이 없는 심층적 기억을 다시 대면하는 것, 그 순간이 위험한 시적인 순간이다.

> 거미줄에 걸린 섬뜩한 내 눈이
> 나를 응시하고 있다
> 몇 가지 생각도
> 날것으로 걸려 파닥댄다
> 어떤 생각은 속을 다 먹힌
> 벌레처럼 가볍다
>
> 뼈에 구멍이 숭숭 뚫려
> 거미줄처럼 가벼워질 때쯤
> 방 안의 방, 방 안의 방, 방 안의 방을
> 스스로 걸어 나갈 수 있을까
>
> 심호흡을 하는
> 내 몸을 따라
> 거미줄이 흔들린다

언제나 내가 허물어버리고 싶었던
정신은 저런 거였다   ─「방 안의 거미줄」부분

  방 안의 거미줄에 걸린 '나'를 보는 장면 역시 그러하다. 방 안의 거미줄은 "내가 내 안에 갇혔음을 일깨워"주는 것이고, "거미줄에 걸린 섬뜩한 내 눈이/나를 응시하고 있다." '내'가 그 거미줄과 거기 매달린 눈으로부터 자유로울 수 있는 시간은 "뼈에 구멍이 숭숭 뚫려/거미줄처럼 가벼워질 때쯤"이다. '내' 육체가 소멸할 때라야 '나'는 그 거미줄의 속박과 응시로부터 풀려난다. 그것은 생의 마지막 순간을 지나야 해방될 수 있다. '나'의 속박을 응시하는 것은, 속박 이후의 생에 대해 성찰하는 것을 동시에 의미한다.

나는 늘 순도 높은 어둠을 그리워했다
어둠을 이기며 스스로 빛나는 것들을 동경했다
겹겹의 흙더미를 뚫는
새싹 같은 언어를 갈망했다

처음이다, 이런 마음은
슬픔도 외로움도 아픔도 불빛으로
매만지고 얼싸안는
저 무리에서 혼자 떨어져
몸이 옹관처럼 굳어가는 것 같은

몸이
생의 빛살에 관통당한 것 같은    ──「생의 빛살」 부분

 시인이 대면하는 시적 순간은 죽음의 예감과 삶의 간절한 의지가 서로에게 등을 대고 있는 그런 시간들이다. 고속도로변 아파트 밀집 지역에 집집마다 흘러나오는 불빛에 마음이 흔들리는 것은 그 불빛들을 향한 욕망이 남아 있기 때문이다. "순도 높은 어둠을 그리워하는" 마음은 "어둠을 이기며 스스로 빛나는 것들을 동경"하는 것이었다. 그러나 저 세속적인 아파트 불빛들 속에서 "슬픔도 외로움도 아픔도 불빛으로/매만지고 얼싸안는/저 무리"를 보며 흔들리는 것은 당연할 것이다. 어떤 강건한 고독도 흔들리는 순간이 있을 것이다. "몸이 옹관처럼 굳어가는 것 같은" 느낌은 소멸에 대한 예감이 스며들어 있고, "몸이/생의 빛살에 관통당한 것 같은" 감각은 빛의 충동에 몸을 맡긴 순간이다. 문제는 그 감각에 대한 시적 화자의 투명한 정직성이다. 그 정직성 때문에 그의 시들은 감상적인 자기 위안이 아니라, 의식과 감각의 심층에 대한 치열한 응시의 순간을 옮겨놓는다.

토악질을 하다 울고
거친 숨을 몰아쉬고

애틋이 뭔가를 찾으며
지붕 위의 고통은
동틀 때가 되어도 끝나지 않는다

무디어진 나를 벌떡벌떡 일으켜 세우는
저것이 죽음이라니
모두들 잠든 깊은 밤에
그림자를 접었다 폈다 몸부림치는
저것이 삶이라니
삶을 바라는 간절한 순간이
저렇게 돌이킬 수 없을 때 오다니

삶을 허비하는 나를
처단하고 있는가

—「뇌 속이 기왓골처럼 밟힌다」 부분

"깊은 밤 지붕 위에서 누가/몸을 가누지 못해/퍽퍽 쓰러지는 소리"를 낼 때, 그 소리는 "뇌 속을 기왓골처럼 밟는 소리"다. 그것이 공포스러운 것은 "고통에 끌려 다니는 몸이 얼마나 무거운지" 알게 되기 때문이다. "지붕 위의 고통"은 몸을 가진 존재가 맞닥뜨리는 공포의 핵심이다. 그 공포는 그런데 죽음의 예감과 삶의 간절함이 한꺼번에 밀려오는 순간을 만나게 한다. "저것이 죽음"이고 동시에

'저것이 삶'이라고 느끼는 순간. "삶을 바라는 간절한 순간이/저렇게 돌이킬 수 없을 때" 온다는 아이러니를 통렬하게 깨닫는 순간. 그 고양된 순간은 "삶을 허비하는 나를" 치열하게 반성하게 만든다.

  조은의 시에서 대면은 그러한 것이다. "고양이가 골목에서 마주친 나를/강렬한 눈빛으로 쳐다"(「고양이」)보는 순간, "이상한 생각에 뒤돌아봤을 때/축 늘어진 젖무덤이 보였다/삶의 생살에 주렁주렁 달려 있는/기막힌 암흑"을 만난다. "그늘이라곤 없는 땡볕 속을 걸"어가다가 "느닷없이 한 노인과 마주쳤다/그는 풀린 자루처럼 길에 퍼져 있었다"(「위험한 날」)와 같은 위험한 감각의 만남. "여자는 날마다 집 앞에 나와 웃는다"(「아퀴」), "오늘은 다르다/여자는 앙상한 다리를 끌어당겨/가슴팍에 붙이며/몸으로 아퀴를 짓는다"와 같은 응시의 충격이 그러하다. 시간의 외부를 살고 있는 '타자'와의 대면은 일상적 공간 속에서 근원적인 암흑을 만나게 하는 시적 계기이다.

    내가 정말 기다린 것들은
    너무 늦게 오거나 아예 오지 않아
    그 존재마저 잊히는 날들이 많았음을
    깨닫는 순간이 올 것이다
    기다리던 것이 왔을 때는
    상한 마음을 곱씹느라

몇 번이나 그냥 보내면서
삶이 웅덩이 물처럼 말라버렸다는
기억 때문에 언젠가는          ——「언젠가는」 부분


"삶이 얼마 남지 않았음을/깨닫는 순간"은 "고작 버스나 기다렸다는 기억에/목이 멜 것"이고, "내가 정말 기다린 것들"마저 잊히고 부주의해지는 그 허무와 공허 때문에 목이 멜 것이다. '언젠가는'이라는 그 시간은 반드시 닥치는 시간이고, 그 시간으로부터 자유로울 방법은 없다. 그러나 그 예감은 삶에 대한 다른 응시의 차원 혹은 자기 생의 외부에 대한 치열한 시선을 만든다. 그러니 처음의 시에서 '내 몫이 아닌 흙'에 대해 시인이 말했을 때, 그것은 생의 시간에 대해 자신이 소유권을 가질 수 없음에 대한 뼈아픈 자각이다. 그 자각은 '흙'으로 표상되는 존재의 근원적인 변이의 차원, 생을 지탱하면서 생을 변화시키고 소멸을 받아들이는 사건들의 이미지를 드러낸다. 생이 내 것이 아니기 때문에 생기는 절망은, 역설적으로 '흙'으로 드러나는 그 생의 사건성 혹은 내재성을 받아들이게 만든다. 그것은 일인칭의 자기 응시가 마침내 도달한 깊고 정직한 공간이다. 그래서 이 시집에서 가장 아름답고 부드럽고 고요한 이미지를 담은 시가, 둥지에서 떨어져 생을 마감하는 어린 새의 마지막 순간을 기록한 것이라는 것은 일종의 전율이다.

어린 새 한 마리 둥지에서 떨어졌다

누가 가르치지 않아도
어떻게 알았을까
삶을 박차는 쾌감

숲은 칙칙한 그림자를 포개고 있다

그림자가 짙은 곳에는
밝디밝은 꽃들
꽃 위에서 끝나는
보풀 같은 길들

어린 새는 부리를 내려 쉼표를 찍는다

보드라운 새의 깃털이
마냥 행복한 눈꺼풀처럼
떨다 멈춘다 　　　　　——「어떻게 알았을까」 전문

　어린 새는 어떻게 "삶을 박차는 쾌감"을 알았으며, "마냥 행복한 눈꺼풀처럼/떨다 멈"추며 생을 마감하는 장면을 어떻게 예감했을까? 삶의 집요한 의지와 행복한 소멸의 장면이 서로에게 등을 대고, "그림자가 짙은 곳에는/밝디밝은 꽃들"이 있고, "꽃 위에서 끝나는/보풀 같은 길들"이 있다는 것을, 생의 아름답고도 뼈아픈 아이러니를, 정말 어떻게 알았을까? ▨